세상을 꾸민 요술쟁이 빛

웅진주니어

야무진 과학씨 3 세상을 꾸민 요술쟁이 빛

초판 1쇄 발행 2010년 6월 28일 | **초판 25쇄 발행** 2024년 2월 27일

글 오채환 | **그림** 홍원표 | **기획** 아우라

발행인 이봉주 | **도서개발실장** 안경숙 | **편집인** 이화정 | **책임편집** 손자영 | **편집** 아우라(김수현 이혜영 조승현), 이유선
디자인 인앤아웃(김화정 김미선) | **마케팅** 정지운, 박현아, 원숙영, 김지윤, 황지영 | **제작** 신홍섭

펴낸곳 (주)웅진씽크빅 | **주소** 경기도 파주시 회동길 20 (우)10881
문의전화 (031)956-7403(편집), (031)956-7569, 7570(마케팅)
홈페이지 www.wjjunior.co.kr | **블로그** blog.naver.com/wj_junior | **페이스북** facebook.com/wjbook | **트위터** @new_wjjr
인스타그램 @woongjin_junior | **출판신고** 1980년 3월 29일 제406-2007-00046호 | **제조국** 대한민국

글 ⓒ 오채환 2010 (저작권자와 맺은 특약에 따라 검인을 생략합니다.)
ISBN 978-89-01-10925-1 74400 / 978-89-01-10292-4 (세트)

웅진주니어는 (주)웅진씽크빅의 유아 · 아동 · 청소년 도서 브랜드입니다.
이 책은 저작권법에 따라 보호받는 저작물이므로 무단전재와 무단복제를 금지하며
이 책 내용의 전부 또는 일부를 이용하려면 반드시 저작권자와 (주)웅진씽크빅의 서면 동의를 받아야 합니다.

잘못 만들어진 책은 바꾸어 드립니다.
※주의 1_책 모서리가 날카로워 다칠 수 있으니 사람을 향해 던지거나 떨어뜨리지 마십시오.
     2_보관 시 직사광선이나 습기 찬 곳은 피해 주십시오.
웅진주니어는 환경을 위해 콩기름 잉크를 사용합니다.

세상을 꾸민 요술쟁이 빛

글 오채환　그림 홍원표

웅진주니어

야무진 과학씨, 빛으로 변신!

안녕? 나는 빛이야.
정확하게 말하면 '가시광선'이지.
사람의 눈으로 볼 수 있는 빛이라는 말이야.
그럼 사람 눈에 보이지 않는 빛도 있냐고?
물론 있지. 그 친구들은 나중에 소개할게.
내 이름은 '루미'야. 나에게 딱 어울리는 이름이지.
루미(lumi)는 라틴어로 빛이라는 뜻이거든.
게다가 부르기도 좋아서 난 내 이름이 무척 마음에 들어.
지금부터 나, 루미가 빛에 대한 이야기를 들려줄게.
자, 귀를 쫑긋 세우고 들어 봐.

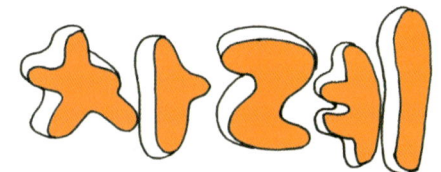

빛의 정체는?

16 _ 빛은 여러 가지 색깔

18 _ 빛의 속도

20 _ 여러 종류의 빛

28 _ 빛의 두 얼굴

빛은 어떻게 만들어질까?

34 _ 빛을 만드는 해

36 _ 열이 만든 빛

39 _ 전기 방전이 만든 빛

빛은 어떻게 꺾일까?

62 _ 굴절하는 빛

68 _ 굴절하는 이유

74 _ 굴절을 이용한 물체, 렌즈

80 _ 여러 색깔로 나뉘는 빛

83 _ 흩어지는 빛

빛은 어떻게 움직일까?

44 _ 곧게 나아가는 빛

48 _ 반사하는 빛

52 _ 물체가 보이는 원리

58 _ 반사를 이용한 물체, 거울

88 _ 마치며

90 _ 야무진 백과

94 _ 작가의 말

빛의 정체는?

빛은 우주가 시작될 때부터 늘 사람들 곁에 있었어.
하지만 빛은 잡을 수도 만질 수도 없기 때문에
빛을 연구하는 건 아주 어려운 일이었지.
그래서 과학자들이 빛의 정체를 밝혀 낸 건
겨우 400년 정도밖에 안 돼.
과연 과학자들은 무엇을 알아냈을까? 도대체 빛은 무엇일까?

빛은 여러 가지 색깔

아주 먼 옛날, 사람들은 날 신비롭게 생각했어. 그런데 요즘은 사람들이 나에게 관심이 없는 것 같아. 관심이 없으니 내가 고마운지도 몰라. 뭐가 고맙냐고? 사람들이 세상을 볼 수 있는 건, 내가 세상 곳곳을 돌아다니기 때문이야. 내가 사라지면 세상은 캄캄해지고, 사람들은 아무것도 볼 수 없어. 그야말로 눈뜬장님이 되는 거지!

사람들은 내 덕분에 물체의 색깔과 모양을 구별할 수 있어. 그런데도 사람들은 물체가 보이는 것을 당연하게 생각해. 공기가 있어야 숨을 쉴 수 있는데도, 공기의 고마움을 모르는 것처럼 말이야. 그러니 지금부터라도 나에게 관심을 가져 주면 좋겠어. 넌 내 이야기를 열심히 듣고 있으니 특별히 내 비밀을 하나 알려 줄게.

가시광선은 여러 색깔이 합쳐진 혼합광이야.

사람들은 나 가시광선을 흰색 빛이라고 생각해. 하지만 난 단순한 흰색이 아니야. 여러 색깔이 합쳐져서 흰색으로 보이는 혼합광이지. 나는 다시 여러 색깔로 나누어져. 그래서 네가 세상을 여러 색깔로 볼 수 있는 거야.

나는 흰색보다는 투명에 가까워. 하지만 사람들은 예전부터 나를 흰색 빛이라고 여겨서 '백색광'이라고 불렀어.

1666년에 영국의 과학자 뉴턴은 유리창의 작은 틈새로 들어오는 햇빛을 프리즘에 통과시켰어. 햇빛이 프리즘을 지나가자, 무지개처럼 여러 색깔의 띠로 나누어졌지. 뉴턴은 이 실험을 통해 햇빛이 여러 색깔이 합쳐진 혼합광이라는 결론을 내렸어.

빛의 속도

나는 사람들 눈에 보이기 때문에 내 존재에 대해서는 누구나 알고 있어. 그런데 빛은 나 말고도 많아. 감마선, 엑스(X)선, 자외선, 적외선, 전파. 모두 내 친구들이야. 이 친구들은 나와 다르게 사람들 눈에 보이지 않아. 눈에 보이지도 않는데 무슨 빛이냐고? 물론 그렇게 생각할 수도 있어. 똑똑한 과학자들조차 내 친구들이 빛이라는 걸 알아채는 데 시간이 많이 걸렸으니까.

나와 내 친구들은 이름도 성격도 다르지만, 공통점이 있어. 우리와 성질이 비슷한 소리는 공기나 물처럼 옮겨 주는 물질이 있어야만 전달돼. 그런데 우리 빛은 아무것도 없는 텅 빈 진공 속도 움직일 수 있지. 바로 우리의 가장 큰 특징 중 하나야.

빛은 어디서나 움직일 수 있어. 또 빛은 모두 속도가 같아. 빛은 1초에 약 30만 킬로미터를 갈 수 있어.

42일

조금 더 정확하게 표현하면, 빛은 진공 속에서 초속 2억 9979만 2458미터라는 일정한 속도로 퍼져 나가. 1초에 지구를 일곱 바퀴 반이나 돌 수 있다는 뜻이지. 엄청나지 않아? 장담컨대 지구에서 우리보다 빠른 것은 없을걸.

그런데 왜 진공이라는 말을 썼냐고? 우리는 어떤 물질을 지나가느냐에 따라 속도가 달라지거든. 공기나 물속을 지나갈 때는 진공 속을 지나갈 때보다 속도가 아주 조금 느려지지. 그래서 속도를 말할 때는 진공 속을 기준으로 삼아.

또 우리는 하나의 물질을 지나가는 동안에는 계속 같은 속도로 움직여. 그래서 사람들은 우리의 속도가 일정하다고 말해.

여러 종류의 빛

우리 빛은 속도는 같지만, 파장이 서로 달라. 감마선은 파장이 아주 짧은 빛이고, 전파는 파장이 긴 빛이야. 아, 파장이 뭐냐고? 이해하기 쉽게, 바닷물을 예로 들어 설명해 줄게. 우리 빛이 움직이는 모습과 바닷물이 움직이는 모습이 비슷하거든. 바다에는 항상 파도가 쳐. 바닷물 표면이 올라갔다 내려왔다, 올라갔다 내려왔다 하며 반복적으로 움직이잖니?

파장은 이렇게 같은 모양의 물결이 어느 정도의 거리마다 반복되는가를 나타내는 크기야. 파도가 칠 때 물결의 꼭대기와 꼭대기

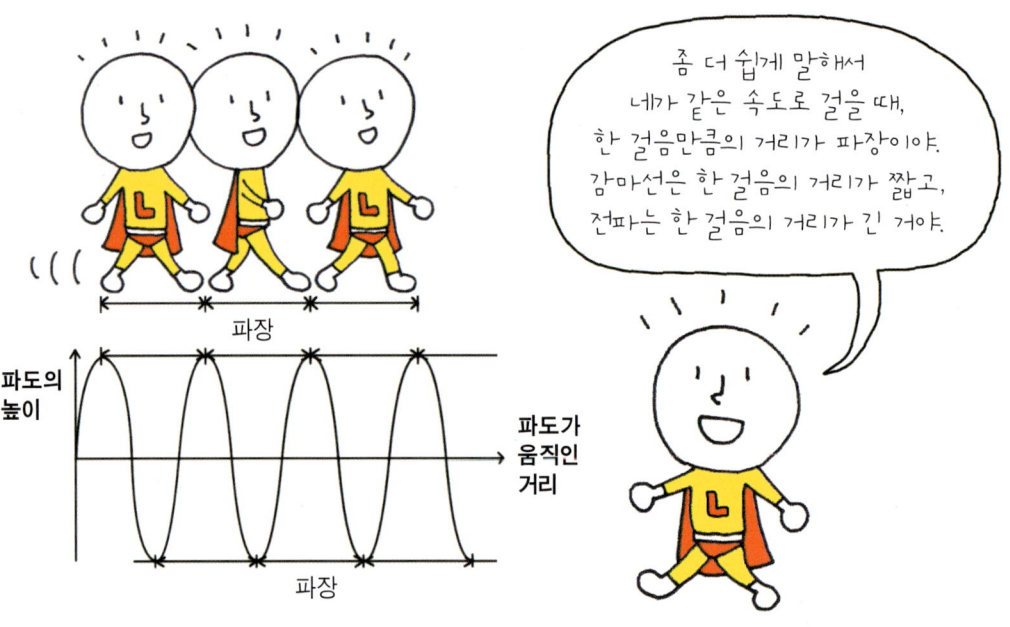

사이의 거리가 파장이지. 그런데 거센 파도가 있고, 잔잔한 파도가 있는 것처럼 우리 빛들도 파장이 다 달라. 그래서 파장을 재 보면 어떤 빛인지 알 수 있지.

감마선, 엑스선, 자외선은 가시광선보다 파장이 짧고, 적외선과 전파는 가시광선보다 파장이 길어.

나랑 제일 친한 친구들은 적외선과 자외선이야. 두 친구는 나와 파장이 비슷하기도 하고, 사람의 눈에는 안 보여도 어떤 동물의 눈에는 보이거든.

적외선은 나보다 파장이 조금 길고, 열에너지를 잘 전달하는 친구야. 그래서 적외선이 피부에 닿으면 사람들은 따뜻하다고 느껴. 너도 병원에서 적외선을 만난 적이 있을 거야. 눈병이나 귓병에 걸렸을 때 눈이나 귀에 쏘여 주는 빨간빛이 바로 내 친구 적외선이거든. 아, 잠깐! 설마 내 친구 적외선이 빨간빛이라고 생각하는 건

나와 파장이 비슷한 적외선 친구!

사람들 눈에는 내가 안 보이지!

아니지? 내 친구들은 사람들 눈에 보이지 않는 빛이라고 했잖아. 적외선이 눈에 보이는 건 사람들이 빨갛게 보이는 장치를 했기 때문이야.

그런데 신기하게도 뱀은 맨눈으로 적외선을 볼 수 있어. 덕분에 깜깜한 밤에도 먹이를 사냥할 수 있지. 아무리 어두워도 먹잇감인 들쥐 몸에서 나오는 적외선을 볼 수 있거든. 들쥐나 사람처럼 살

아있는 생물이나 열이 나는 물체는 적외선을 내보내. 그래서 열이 나는 물체 가까이 가면 적외선 덕분에 따뜻한 느낌이 드는 거야.

또 다른 친구 **자외선**은 나보다 파장이 조금 짧은 빛이야. 자외선은 화학 작용을 해서 사람들의 피부를 검게 만들어. 자외선을 오래 쬐면 피부를 다치거나 피부암에 걸릴 수도 있어. 어때, 무시무시하지?

그렇다고 내 친구 자외선을 나쁜 빛이라고 생각하면 안 돼. 자외선은 세균을 잘 죽이기 때문에 사람들의 건강을 지켜 주거든. 네가 마시는 물이나 옷, 이불을 소독해 주는 것도 바로 자외선이야.

또 자외선은 나비나 벌이 꿀을 찾는 것을 도와주기도 해. 꽃 가운데 있는 꿀샘 부분은 자외선을 잘 반사하는데, 나비와 벌은 자외선을 볼 수 있거든. 나비와 벌의 눈에는 꿀이 있는 부분이 좀 더 진하게 잘 보이지. 자외선 덕분에 꿀이 많은 꽃을 쉽게 찾을 수 있는 셈이야.

엑스선과 **감마선**은 자외선보다 파장이 더 짧은 친구들이야. 이 두 친구는 공통점이 많고, 성격도 아주 비슷해. 그래서 사람들은 이 두 친구를 묶어서 방사선이라고 불러.

방사선은 에너지가 커서 물질 속까지 깊숙이 들어가고, 물질을 잘 파괴해. 그래서 방사선을 많이 쬐면 몸속의 세포가 파괴되지. 방사선 친구들이 좀 위험하긴 하지만, 그래도 사람들에게 많은 도움을 줘.

엑스선 친구는 병원에서 병을 진단하거나 치료하는 일을 하고,

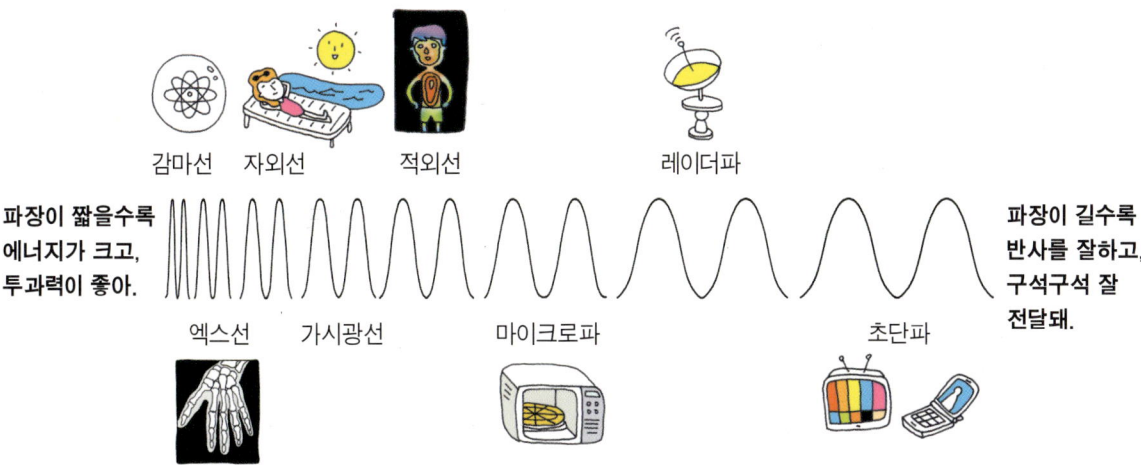

공항에서 물체를 조사하거나 우주를 연구하는 것도 도와. 감마선 친구는 파괴력이 아주 강하기 때문에 좀 더 위험하지만, 암을 치료하거나 금속으로 만든 물체 내부를 검사하는 능력이 아주 뛰어나지.

마지막으로 소개할 친구들은 **전파**야. 친구들이라고 부른 이유는 엑스선과 감마선을 방사선이라고 부른 것처럼, 전파도 하나가 아니기 때문이야. 전파는 파장에 따라 마이크로파, 레이더파, 초단파, 단파, 중파, 장파 등으로 나눌 수 있는데, 모두 적외선보다 파장이 긴 빛들이야. 전파는 위성 방송이나 텔레비전 방송, 라디오 방송, 휴대 전화처럼 주로 통신과 관련된 일을 해.

아직도 소개할 친구들은 많지만, 이 정도로 마칠게. 대신 빛은 나처럼 보이기도 하고, 내 친구들처럼 보이지 않기도 한다는 걸 꼭 기억해 줘.

빛의 두 얼굴

과학자들은 우리의 속도는 알아냈지만, 우리의 정체를 완전히 밝히지는 못했어. 어떤 과학자들은 우리가 눈에 보이지 않을 정도로 아주 작은 알갱이, 즉 입자라고 해. 또 다른 과학자들은 우리가 물질이 아니라 소리나 물결처럼 움직이는 파동이라고 하지.

파동은 한곳에서 생긴 떨림이 주위로 퍼져 나가는 거야. 물에 무언가가 떨어지면 그 자리를 중심으로 물결이 가장자리로 퍼져 나가는 것처럼 말이야.

우리의 정체에 대해서는 아주 오랫동안 결론이 나지 않았어. 왜냐하면 어떤 현상은 빛이 알갱이일 때만 설명이 가능하고, 또 다른 현상은 빛이 파동일 때만 가능했거든. 그런데 아인슈타인 덕분에 과학자들은 "빛은 두 얼굴을 가졌다."라는 결론을 내렸어.

빛의 정체는 에너지를 가지는 입자이면서 물결처럼 움직이는 파동이라는 거야.

다시 말하면 우리가 알갱이처럼 행동하기도 하고, 파동처럼 행동하기도 하는 두 가지 성격을 다 가졌다는 뜻이지. 이제 내가 다른 물질과 달리 특별한 존재라는 걸 인정하겠지?

100년쯤 지난 1802년, 영국의 물리학자 토머스 영은 "빛은 파동이다."라고 발표했어.

하지만 그때는 많은 과학자들이 입자설을 지지했기 때문에 영의 파동설은 받아들여지지 않았어.

1865년, 영국의 물리학자 맥스웰은 전자기파와 빛의 속도가 같다는 걸 알아냈어. 그런데 전자기파는 파동의 성질을 가졌기 때문에, 빛이 파동이라는 주장이 힘을 얻었지.

그 뒤로도 과학자들은 서로 다른 증거를 제시하며 끊임없이 논쟁했어. 파동으로만 설명이 가능한 현상이 관찰되기도 하고, 입자로만 설명이 가능한 현상이 관찰되기도 했지.

그러다가 1905년에 미국의 물리학자 아인슈타인이 빛은 입자라고 주장했어. 하지만 파동설에 대한 증거가 너무 많았기 때문에 많은 과학자들이 아인슈타인의 주장에 반대했어.

아인슈타인은 포기하지 않고 자신의 주장을 뒷받침하는 논문을 계속 발표했고, 결국 과학자들도 아인슈타인의 주장을 받아들였어.

마침내, 과학자들은 빛이 입자와 파동의 성질을 동시에 가진 걸로 결론을 내렸어.

빛은 어떻게 만들어질까?

빛은 만질 수도 붙잡을 수도 없어. 하지만 느낄 수는 있지.

해가 뜨거나 형광등을 켜면 빛이 나니까. 해, 달, 별, 백열전구, 형광등…….
모두 빛을 내는 것들이야.

처음부터 자연적으로 있던 것도 있고, 사람이 새롭게 발명한 것도 있어.

그런데 빛은 어떻게 만들어지는 걸까?

빛을 만드는 해

나는 어디에서 왔을까? 너무 어렵다고? 힌트를 줄게. 아침마다 너의 잠을 깨우는 눈부신 햇살을 생각해 봐. 이제 알겠지? 나는 하늘 높이 떠 있는 해에게서 왔어.

해처럼 스스로 빛을 내는 물체를 **광원**이라고 해. 광원은 나에게 어머니와 같아. 광원이 없으면 내가 생겨나지 못하니까. 광원 가운데 최고는 해야. 달도 있고, 별도 있는데 왜 해가 최고냐고?

달빛은 햇빛이나 마찬가지이기 때문이야. 달은 스스로 빛을 내지 못해. 달빛은 햇빛이 달 표면에 반사된 거야. 만약 달 전체에 이불을 뒤집어씌운다고 해도 사람들은 달빛을 볼 수 있어. 햇빛이 이불에 반사되어 사람들 눈에 보일 테니까. 그럼 별빛은 어떤 빛일까?

별은 스스로 빛을 내는 천체야. 해도 밤하늘에 밝게 빛나는 수많은 별 가운데 하나지. 별은 셀 수 없이 많기 때문에, 해보다 훨씬 밝은 빛을 내는 별도 있어.

그런데 왜 해를 광원 가운데 최고라고 했을까? 그건 별들이 지구에서 너무 멀리 떨어져 있기 때문이야. 아무리 밝은 빛을 내는 별이라도 지구와 너무 멀리 떨어져 있으면, 별빛이 지구로 오는 동안 점점 희미해져. 그런데 해는 지구와 가장 가까이 있는 별이라서 다른 별보다 훨씬 밝게 보이지. 그래서 해가 떠 있는 낮에는 햇빛에 가려서 별빛을 전혀 볼 수 없다가 햇빛이 사라지는 밤에야 별빛을 볼 수 있는 거야.

열이 만든 빛

그런데 해는 어떻게 나를 만드는 걸까? 그건 해가 아주아주 뜨겁기 때문이야.

쇠를 뜨겁게 달구면 처음에는 붉게 달아올라. 계속 달구면 노랗게 변하다가 결국에는 푸르스름한 흰빛을 띠지. 이렇게 모든 물체는 높은 온도에 이르면 빛을 내는데, 이것을 **열복사**라고 해.

물체는 온도에 따라 서로 다른 파장의 빛을 내.

물체가 뜨거울수록 파장이 짧은 빛이 나오지. 사람의 몸에서 적외선이 나온다고 했던 말 기억하지? 적외선은 파장이 길기 때문에 온도가 아주 낮은 물체에서도 나와. 나와 같은 가시광선은 섭씨 400도쯤 되어야 나오기 시작해. 반대로 나보다 파장이 짧은 자외선은 물체가 훨씬 더 뜨거워져야 나오지.

그런데 나의 어머니인 해는 네가 상상할 수 없을 정도로 뜨거워. 표면이 섭씨 6000도 정도이고, 내부는 섭씨 1000만 도가 넘지. 그래서 해는 나뿐만 아니라 전파, 적외선, 자외선, 엑스선, 감마선 등 여러 파장의 빛을 내보내. 하지만 나 가시광선과 달리, 다른 빛 친구들은 땅 위에 도착하기 전에 대부분 사라져 버려.

에디슨이 발명한 백열전구도 해와 같은 방법으로 빛을 내. 열복사를 하는 거야. 백열전구는 필라멘트가 뜨거워져서 빛을 내지. 얼마나 뜨겁냐고? 무려 섭씨 2000도가 넘어. 팔팔 끓는 주전자는 저리 가라야. 백열전구는 해처럼 열에 의해 빛을 내기 때문에, 나와 함께 적외선 친구도 많이 나와.

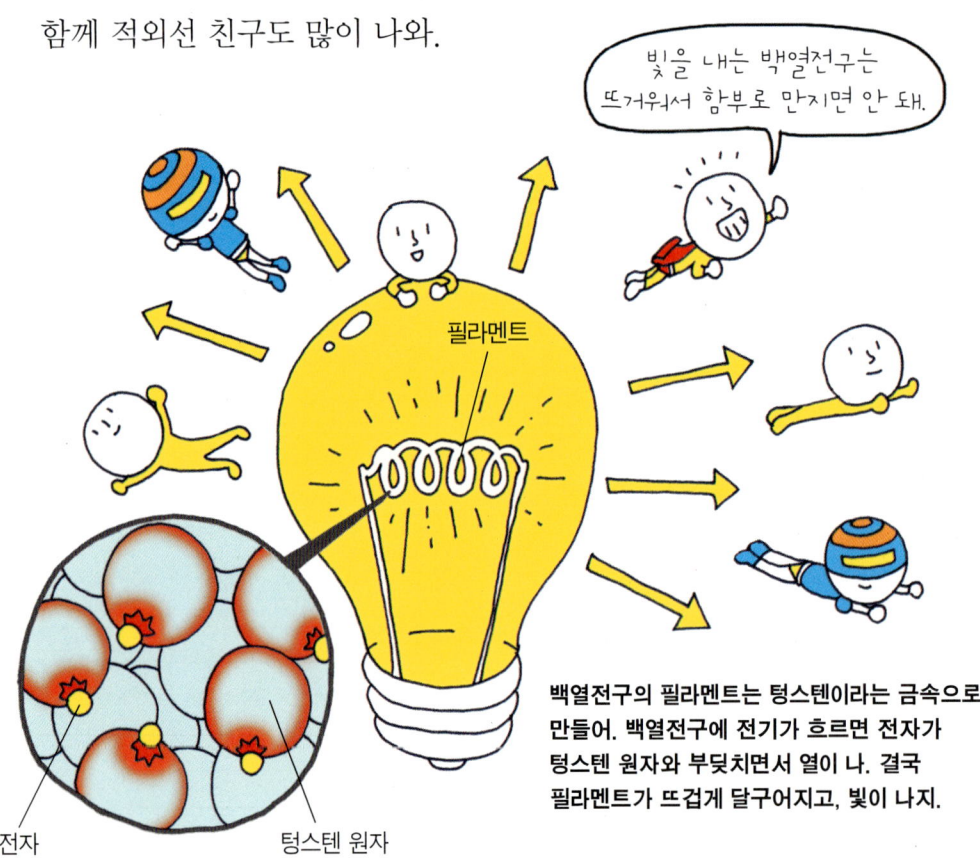

빛을 내는 백열전구는 뜨거워서 함부로 만지면 안 돼.

필라멘트

전자

텅스텐 원자

백열전구의 필라멘트는 텅스텐이라는 금속으로 만들어. 백열전구에 전기가 흐르면 전자가 텅스텐 원자와 부딪치면서 열이 나. 결국 필라멘트가 뜨겁게 달구어지고, 빛이 나지.

전기 방전이 만든 빛

내가 꼭 열 때문에 만들어지는 것은 아니야. 백열전구는 필라멘트를 뜨겁게 해서 빛을 내지만, 형광등은 다른 방법으로 빛을 내. 간단히 말하자면 형광등은 방전에 의해 빛이 나는 거야. **방전**은 높은 전압에 의해 갑자기 큰 전류가 흐르는 것을 말해.

형광등 안에는 수은 기체가 들어 있고, 안쪽 벽에는 형광 물질이 발라져 있어. 양 끝에는 전극이 달려 있지. 형광등에 높은 전압으로 전기를 흐르게 하면 음극에서 양극으로 전자가 빠르게 흘러

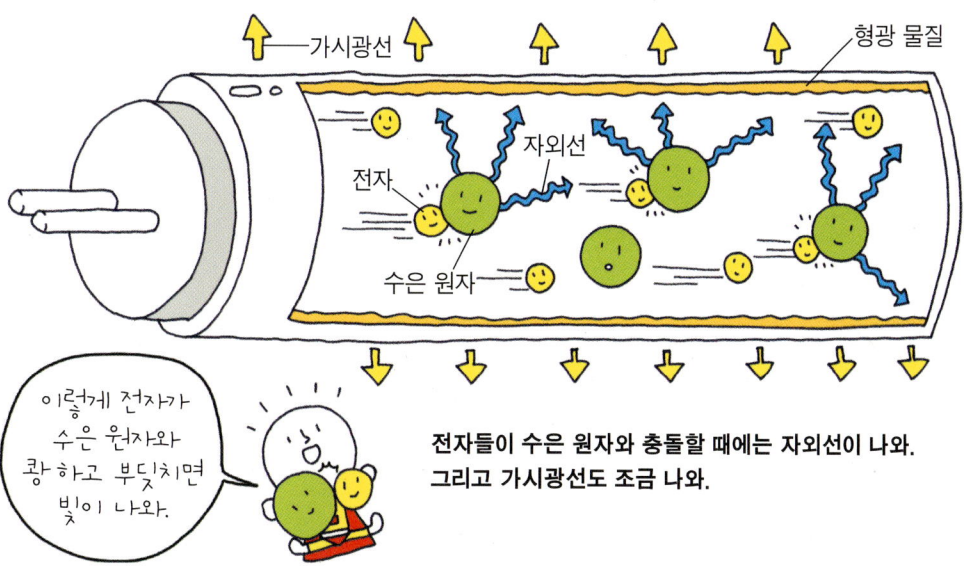

전자들이 수은 원자와 충돌할 때에는 자외선이 나와.
그리고 가시광선도 조금 나와.

가. 흘러가던 전자들은 형광등 안의 수은 원자와 충돌해. 그러면 수은 원자가 자극을 받아서 빛 에너지를 내보내. 그런데 이때 나오는 대부분의 빛은 사람들이 볼 수 없는 내 친구 자외선이야. 아쉽다고? 에이 참, 아직 끝이 아니야. 아까 형광등 안쪽에 형광 물질이 발라져 있다고 했잖아. 이제 형광 물질이 활약할 차례야. 자외선이 형광 물질에 부딪치면, 형광 물질에서 바로 나 가시광선이 나오거든. 그래서 이름도 형광등인 거야!

그런데 생물도 빛을 만든다는 걸 아니? 바로 **발광 생물**인 반딧불이야. 맑은 여름날 저녁에 반딧불이는 빛을 깜빡거리며 날아다녀. 반딧불이 배 끝에서는 루시페린이라는 화학 물질이 나오는데, 이 물질을 반딧불이만 가지고 있는 특별한 효소로 분해하면 멋진 빛이 나오는 거야. 그런데 반딧불이뿐만 아니라 바닷속에 사는 해파리나 오징어, 땅에 사는 화경버섯도 비슷한 방법으로 빛을 내.

빛은 어떻게 움직일까?

광원에서 출발한 빛은 세상 곳곳으로 퍼져 나가서
사람들이 물체를 볼 수 있게 해 줘.
그런데 빛은 언제나 같은 규칙을 지키며 움직여.
그런 빛의 움직임 덕분에 물체를 보게 되는 거야.
이번에는 빛이 어떤 규칙으로 움직이는지 알아볼까?

곧게 나아가는 빛

나 가시광선은 한곳에 가만히 있는 것보다 여기저기 돌아다니는 걸 좋아해. 그래서 아주 먼 옛날 사람들도 내가 움직인다는 걸 알고 있었어. 창문을 열면 햇빛이 순식간에 방 끝까지 퍼져 나가고, 촛불을 켜면 금세 방 안이 환해지거든. 그런데 너는 내가 움직이는 걸 본 적 있니? 아마 직접 본 적은 없을걸? 그럼 네 방을 아무것도 보이지 않을 만큼 깜깜하게 만든 다음, 손전등을 켜 봐. 손전등에서 나온 빛이 곧게 뻗어 나가는 게 보일 거야. 만약 손전등을 이쪽저쪽으로 움직인다 해도 빛은 계속 곧게 뻗어 나가. 이렇게 빛이 곧게 나아가는 것을 **직진**이라고 해.

이제 내가 곧게 나아간다는 걸 알겠지? 이런, 아직 잘 모르겠다

우아, 빛이 똑바로 나아가네.

레이저 포인터로 하면 빛의 움직임이 더 잘 보여.

고? 그럼 그림자를 생각해 봐. 그림자는 내가 곧게 나아간다는 걸 보여 주는 아주 좋은 증거거든. 너는 길을 가다가 어떤 장애물이 가로막으면 그 장애물 주위를 빙 돌아서 가거나 다른 길로 가지? 그런데 나는 어떤 물체가 내 갈 길을 막으면 더 이상 나아가지 못해. 난 곧게 나아가는 걸 좋아하기 때문에 빙 돌아서 가지 않거든. 그래서 나를 가로막은 물체 뒤에는 어두운 부분이 생겨. 그 어두운 부분을 사람들은 **그림자**라고 하지. 빛과 물체가 있는 곳에는 어디든 그림자가 생겨. 지금 네 주위 곳곳에도 그림자가 있을 거야.

사람들은 아주 영리하게도 그림자를 이용해서 해시계를 만들었어. 땅에 막대기를 세워 놓으면 막대기가 햇빛을 가로막아 그림자

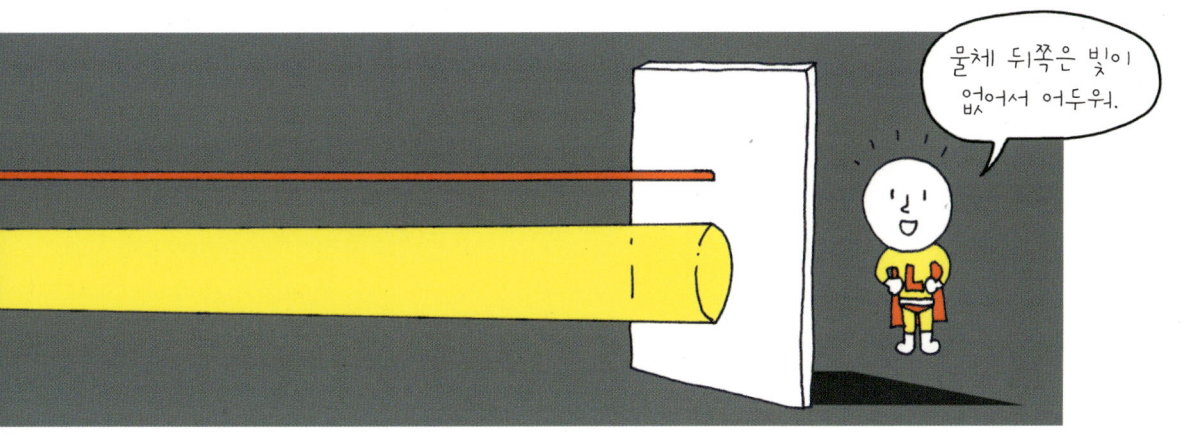

가 생기거든. 그런데 아침, 점심, 저녁에 따라 해의 위치가 달라지기 때문에 막대기 그림자의 위치도 바뀌지. 그래서 막대기 그림자 위치로 시각을 정하고, 시계로 사용했어. 그게 바로 해시계야. 지금은 거의 사용하지 않지만, 그 당시의 해시계는 사람들에게 정말 대단한 발명품이었어.

그런데 세상에서 제일 큰 그림자는 무슨 그림자일까? 바로 지구 그림자야. 지구 그림자도 볼 수 있냐고? 쉽지는 않지만, 운이

월식

좋으면 볼 수도 있어. 지구 그림자를 보려면 지구가 해와 달 사이에 한 줄로 있어야 해. 그러면 지구가 햇빛을 가려서 달 표면에 지구 그림자가 생겨. 이때는 지구 그림자 때문에 잠깐 동안 달이 보이지 않아. 이걸 **월식**이라고 해. 반대로 달이 햇빛을 가려서 지구에 달 그림자가 생길 때도 있어. 이때는 달 그림자 때문에 잠깐 동안 해가 보이지 않아. 이건 **일식**이라고 해. 한반도에서는 월식과 일식을 수십 년에 한 번 정도 볼 수 있어. 너도 언젠가는 볼 수 있을 거야.

일식

반사하는 빛

지금부터 약 2200년 전인 기원전 214년에는 제2차 포에니 전쟁이 있었어. 강력한 로마군 함대가 그리스의 시라쿠사라는 도시를 공격했지. 이때 시라쿠사에 살고 있던 그리스 과학자 아르키메데스가 거울로 햇빛을 반사시켜 로마군의 배를 불태웠다고 해. 내가 거울을 만나면 반사한다는 것을 이용한 거지.

반사가 뭐냐고? 나는 공기 속을 지나가는 동안 멈추지 않고 계속 같은 속도로 곧게 나아가. 그러다 물체에 부딪치면 방향을 바꿔서 다시 나아가지. 마치 축구공이 골대를 맞고 튕겨 나오는 것처럼 말이야. 이렇게 빛이 물체에 부딪쳐서 나아가던 방향을 바꾸는 걸 **반사**라고 해.

내가 반사하는 모습을 보고 싶다면, 아까처럼 깜깜한 방 안에서 거울을 향해 손전등 빛을 비스듬히 비춰 봐. 손전등에서 출발한 빛이 곧게 나아가다가 거울을 만나면 방향을 바꿀 거야.

그런데 나는 반사할 때 나만의 원칙이 있어. 난 제멋대로 움직이지 않거든. 이번에도 거울과 손전등만 있으면 내가 움직이는 규칙을 직접 확인해 볼 수 있어. 손전등 빛을 거울에 비추면서 빛이 어떻게 움직이는지 잘 관찰해 봐. 손전등의 위치를 이리저리 바꾸

아르키메데스가 진짜 거울 무기를 만들었는지는 아무도 알 수 없어. 나무배를 태울 만큼의 햇빛을 반사하려면 굉장히 크고 정교한 거울을 만들어야 했을 거야. 그런데 그때 기술로는 거울 무기를 만들기 어려웠을 거라고 해.

면서 여러 번 실험해 보아야 할 거야. 빛이 가는 길을 잘 보려면 거울만 보고 있지 말고, 거울 주변의 벽과 천장을 살펴보아야 해.

나의 규칙을 알아냈니? 이런, 아직 관찰해 보지 않았다고? 그럼 이번에는 내가 알려 줄 테니 꼭 확인해 봐.

손전등을 어디에서 비추어도 손전등 빛이 거울로 들어가는 길과 거울에 부딪쳐 되돌아 나오는 길은 서로 대칭을 이루어.

정확하게 말하면 빛이 거울로 들어갈 때의 각도와 나올 때의 각도는 항상 같아. 이걸 '반사 법칙'이라고 해.

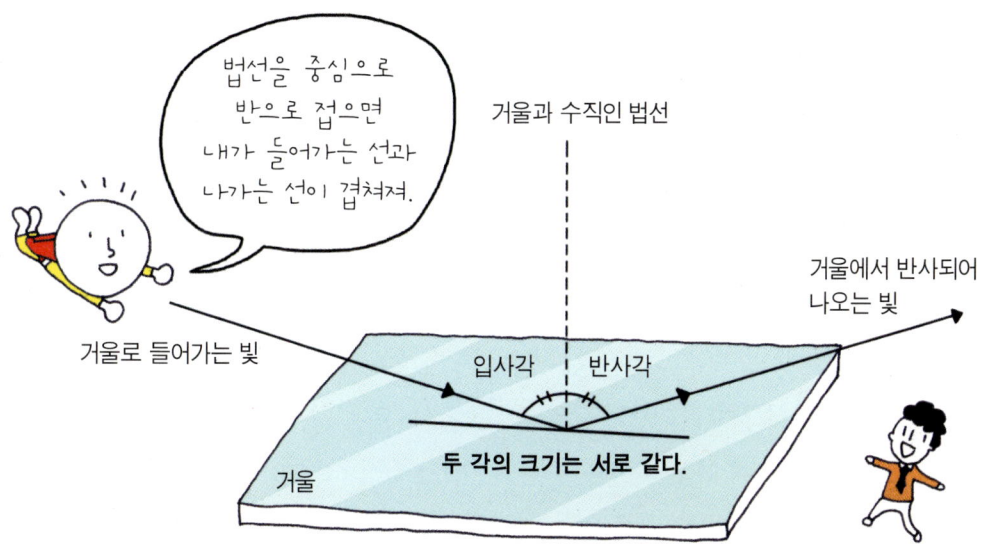

그냥 내 마음대로 움직이지, 귀찮게 반사 법칙은 왜 따르냐고? 반사 법칙을 따라야 움직이는 시간이 짧아지거든. 너희가 어딘가를 갈 때 가장 빠른 길을 찾아가는 것과 같은 이유야. 반사 법칙을 따르면 빨리 가는데, 굳이 느리게 갈 필요가 없잖아?

내가 물체를 만나기 전까지 항상 곧게 나아가는 것도 같은 이유야. 똑바로 가면 움직여야 하는 거리가 짧아서 빨리 가거든. 만약 구불구불 움직이면 시간이 많이 걸릴 거야. 이렇게 제일 빨리 갈 수 있는 방법으로만 다니기 때문에 내가 재빠른 거야.

물체가 보이는 원리

빨간 사과, 푸른 하늘, 일곱 빛깔 무지개……. 세상은 저마다 다른 모양과 색깔을 가진 것으로 가득해. 그런데 사람들이 알록달록한 세상을 볼 수 있는 건 다 내 덕분이야. 정확하게는 내가 물체에서 반사되기 때문이지. 무슨 말인지 모르겠다고?

먼저 빨간 사과가 있다고 생각해 봐. 넌 어떻게 사과를 보는 걸까? 혹시 눈앞에 사과가 있으니까 보인다고 생각했니? 그렇다면 좀 더 생각해 봐.

빛이 없는 깜깜한 곳에서는 어때? 깜깜할 때는 사과가 눈앞에 있어도 볼 수 없잖아. 사과를 보려면 햇빛이든 불빛이든 꼭 빛이 있어야 해. 또 눈을 감으면 사과를 볼 수 없으니까 사과를 보려면 너의 눈도 필요하겠지? 너무 당연하다고? 맞아, 아직까지는.

그런데 빛이 있는 환한 곳에서 눈을 크게 뜬 다음, 사과를 등지고 앉으면 어떨까? 빛도 있고, 볼 수 있는 눈도 있고, 사과도 있지만 넌 사과를 볼 수 없어. 그건 사과에서 반사된 빛이 눈으로 들어오지 않기 때문이야. 빛은 곧게 나아가다가 사과를 만나면 반사돼. 사과에서 반사되어 나온 빛이 눈으로 들어가야 사과를 볼 수 있는 거야. 그런데 사과를 등 뒤에 놓고 앉으면 사과에서 반사된 빛이 네 눈으로 들어가지 못해.

다시 말해서, 물체를 보는 것은 그 물체가 반사시킨 빛을 눈으로 받아들인다는 뜻이야.

음, 거울처럼 매끈하거나 반짝거리는 물체만 빛을 반사시키는 것 아니냐고? 그건 오해야. 반짝이지 않는 물체도 빛을 반사해. 네가 읽고 있는 이 책의 종이도 빛을 반사시켜. 넌 지금 종이에서 반사된 빛을 보고 있잖아. 그러니까 책이 보이는 거지.

네 주위를 둘러봐. 물체가 보이니? 무언가 보인다면, 그 물체도 빛을 반사하는 거야. 대부분의 물체는 빛을 반사해.

거울처럼 표면이 매끈한 물체는 빛을 한 방향으로 가지런히 반사하고, 종이처럼 표면이 울퉁불퉁한 물체는 빛을 불규칙하게 반사하지.

종이는 거울처럼 표면이 매끈하다고? 물론 맨눈으로 보기에는 매끈해 보여. 하지만 아주 크게 확대해 보면 표면이 울퉁불퉁한 걸

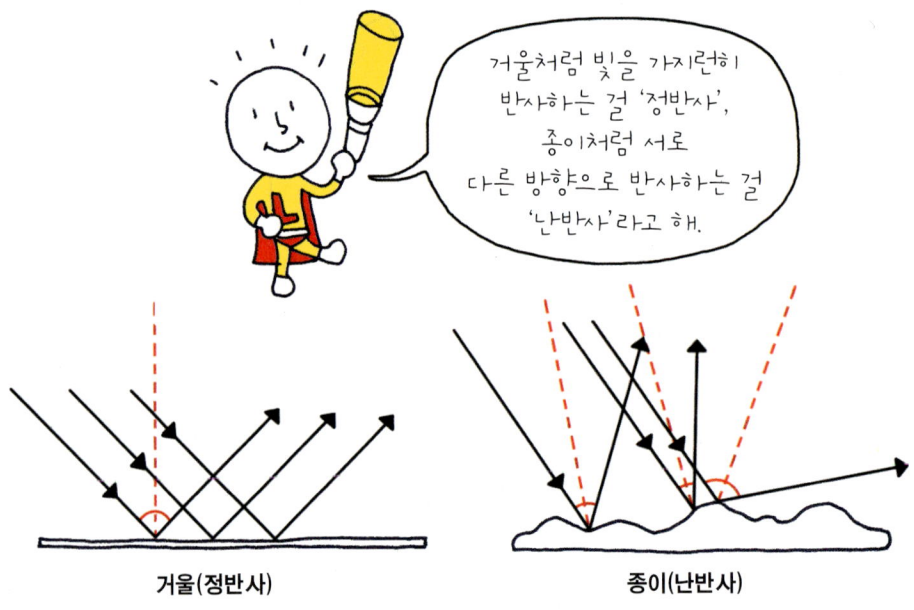

알 수 있지. 그런데 내가 종이를 만나면 불규칙하게 반사한다고 해서 아무렇게나 반사한다는 뜻은 아니야. 나는 거울에 부딪칠 때나 종이에 부딪칠 때나 언제나 반사 법칙을 따르거든. 거울에서도 종이에서도 들어갈 때와 같은 각도로 튕겨 나가는 건 똑같아. 단지 종이는 울퉁불퉁하기 때문에 어느 부분에 부딪치느냐에 따라서 들어가는 각도(입사각)가 달라지고, 그래서 나오는 각도(반사각)도 달라지는 거야.

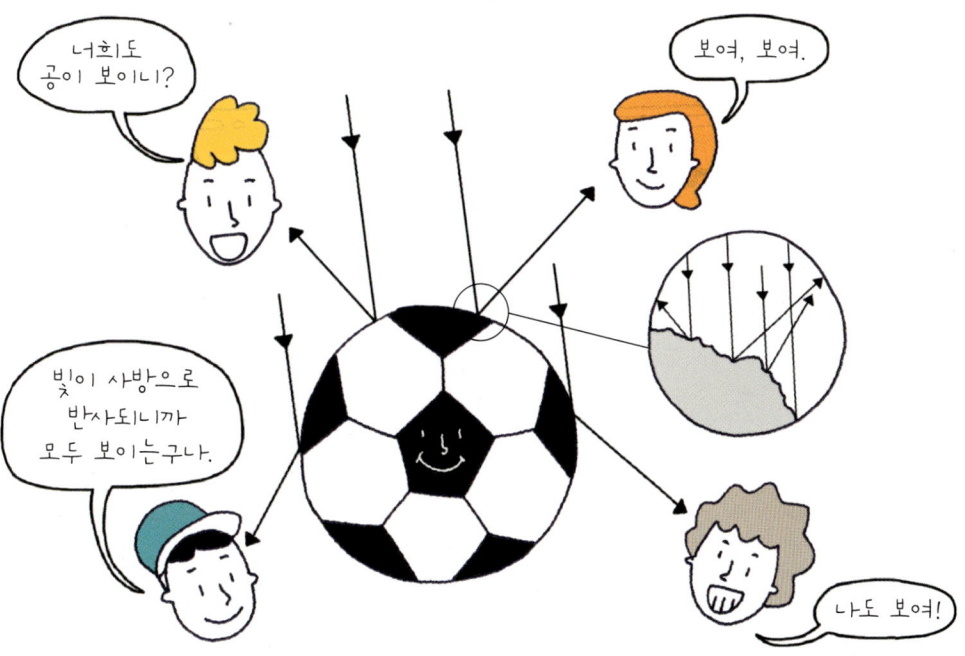

사실은 네가 보는 많은 물체들은 종이처럼 표면이 울퉁불퉁해. 표면이 울퉁불퉁하기 때문에 빛을 사방으로 반사하지. 그래서 물체에서 조금 떨어져 있더라도 반사된 빛이 네 눈으로 들어가고, 그 물체를 볼 수 있어. 위치에 따라서 물체의 서로 다른 부분을 보게 되는 거지.

그런데 물체의 색깔은 어떻게 볼 수 있는 걸까? 난 흰색처럼 보이지만, 사실은 여러 색깔의 빛이 섞여 있는 혼합광이라고 했지? 또 내가 물체에서 반사된 뒤, 네 눈으로 들어가야 네가 그 물체를 볼 수 있다고도 했고.

사과가 빨갛게 보이는 것은 사과가 햇빛을 고스란히 반사하는 게 아니기 때문이야. 사과는 햇빛을 받으면 다른 색깔 빛들은 모두 흡수하고, 빨간빛만 반사해. 결국 빨간빛만 네 눈으로 들어가기 때문에 사과가 빨갛게 보이는 거지. 네 눈으로 들어간 빛이 어떤 색깔인지에 따라 네가 보는 물체의 색깔이 결정되는 거야. 이게 물체마다 서로 다른 색깔로 보이는 이유야.

물체는 저마다 다른 색깔의 빛을 흡수해. 흡수된 나머

지 빛은 반사하니까, 물체마다 색깔이 달라져.

어떤 물체가 노란빛을 반사하면 노란색으로 보이고, 초록빛을 반사하면 초록색으로 보이지. 또 모든 빛을 흡수하면 반사하는 빛이 없기 때문에 검은색으로 보이고, 모든 빛을 반사하면 흰색으로 보이는 거야. 결국 물체의 색깔은 어떤 색깔의 빛을 반사하느냐에 따라 달라진다는 말씀이지.

반사를 이용한 물체, 거울

다시 말하지만, 사람들이 물체의 모양이나 색깔을 볼 수 있는 것은 내가 반사되기 때문이야. 그런데 조금 특별한 물체가 있어. 바로 거울이야! 대부분의 물체는 빛을 받으면, 일부만 반사하는데 거울은 빛을 고스란히 반사하거든. 그래서 거울은 다른 물체의 모양을 고스란히 비출 수 있는 거야.

그런데 넌 거울을 보면서 이상하다는 생각을 해 본 적 없니? 너는 거울 앞에 서 있는데도 마치 네가 거울 속에 있는 것처럼 보이잖아. 다른 물체들도 거울에 비친 모습을 보면 꼭 거울 속에 들어 있는 것처럼 보이지? 이런 이상한 현상은 눈이 착각을 일으키기 때문이란다.

사람들의 눈은 빛이 항상 곧게 나아간다고 여겨. 그래서 거울에서 반사된 빛을 보면서도, 빛이 물체에서 곧게 뻗어 나왔다고 착각하지.

이렇게 거울을 통해 보는 물체의 모습은 눈의 착각이 만들어 낸 가짜 모습이기 때문에 **허상**이라고 불러. 가짜이긴 하지만 거울 속 물체의 모습은 거울 밖에 있는 실제 물체와 모양도, 크기도, 색깔

물체에서 반사된 빛이 거울을 만나 다시 반사된 뒤, 네 눈으로 들어가.

네 눈은 빛이 거울에서 반사된 것이 아니라 이렇게 물체에서 곧게 뻗어 나왔다고 착각해.

그래서 실제 물체는 거울 밖에 있는데도, 너는 물체가 거울 속에 있다고 느껴.

도 모두 같아.

아, 딱 하나 다른 게 있어. 자, 양손을 펴서 거울에 대 봐. 진짜 네 손과 거울 속의 손이 정확하게 겹쳐질 거야. 뭐가 다를까? 거울 속의 모습은 실제 물체와 달리 왼쪽과 오른쪽이 바뀌어 보여. 이것도 허상을 보기 때문에 생기는 현상이지.

네가 물체를 볼 수 있는 건 모두 내가 규칙에 따라 움직이기 때문이라는 걸 기억해 줘. 난 평소에는 곧게 나아가다가 물체를 만나면 반사돼. 반사된 다음에는 다시 곧게 나아가지. 이런 규칙을 따라야 가장 빨리 갈 수 있기 때문이야.

빛은 어떻게 꺾일까?

빛은 곧게 나아가는 성질이 있어. 또 물체를 만나면 반사되기도 하지.
그런데 투명한 물질을 만나면 빛은 반사되지 않고 꺾여.
빛이 꺾이는 것도 규칙을 지키는 걸까?
빛이 꺾이면 어떤 일이 일어날까?

굴절하는 빛

사람의 눈은 착각을 잘해. 네가 거울을 볼 때 거울 속에 물체가 있다고 착각하는 것처럼 물속에 있는 물체를 볼 때도 네 눈은 꼭 착각을 일으켜. 그래서 강물이 실제보다 얕아 보이거나, 강 속 깊이 있는 물체가 수면 가까이에 있다고 착각하지. 이렇게 네가 강의 깊이나 물속에 있는 물체를 보고 착각하는 건 바로 내가 굴절하기 때문이야.

굴절은 내가 움직이는 또 다른 방식인데, 꺾이면서 방향을 바꾸는 거야. 굴절을 이해하려면 내가 어떻게 움직이는지 잘 알고 있어야 해.

나는 공기 속을 지나가는 동안 휘거나 멈추지 않고 계속 곧게 나아가. 또 같은 속도로 움직이지. 그러다가 통과할 수 없는 물체에 부딪치면 방향을 바꾸어서 다시 곧게 나아가. 바로 반사하는 거야. 반사를 해도 움직이는 방향만 바뀔 뿐 속도는 바뀌지 않아.

그런데 내가 물이나 유리처럼 투명한 물체를 만나면 어떻게 움직일까? 나는 공기, 물, 유리처럼 투명한 물체를 통과할 수 있어. 이처럼 빛이 통과해서 지나가는 물질을 **매질**이라 불러.

빛은 하나의 매질을 지나가는 동안에는 계속 같은 속도로 곧게 나아가. 그러다가 다른 종류의 매질을 만나게 되면 속도가 달라지면서 꺾이게 돼. 이게 바로 굴절이야.

그럼 내가 공기 속을 지나가다가 물을 만나면 어떻게 되는지 직접 보여 줄게.

매질이 달라지면 어떻게 될까?

준비할 것들이야.

손전등, 검은 종이, 테이프, 송곳, 투명한 그릇

이렇게 실험해 봐.

① 검은 종이에 작은 구멍을 뚫은 뒤, 손전등 앞을 가려. 손전등 빛이 옆으로 퍼져 나가지 못하게 하려는 거야. 그래야 빛이 나아가는 모습이 잘 보이거든.

② 투명한 그릇에 물을 반쯤 담아서 책상 위에 올려 놔.

그릇은 투명할수록 좋아. 그래야 빛이 움직이는 모습이 잘 보여.

③ 이제 손전등을 그릇 옆면에 바짝 대고 빛을 비추면서 내가 어떻게 나아가는지 관찰해 봐. 이때 방 안을 깜깜하게 하면 좋아.

④ 이번에는 손전등 빛을 물 위에서 비스듬히 비추면서 관찰해 봐.

이렇게 될 거야.

손전등을 그릇 옆면에 바짝 대고 빛을 비추면 빛이 물속을 곧게 나아가. 그런데 물 위에서 손전등을 비추면 빛이 물속으로 들어갈 때 꺾여. 그런 다음, 물속에서는 다시 곧게 나아가지.

왜 이런 일이 일어날까?

내가 공기 속만 지나가거나 물속만 지날 때는 속도가 같기 때문에 곧게 나아가지만, 공기와 물처럼 서로 다른 두 매질이 만나는 곳에서는 속도가 달라져 방향이 꺾이는 거야.

나는 매질에 따라 움직이는 속도가 달라져. 내가 가장 빠르게 지나갈 수 있는 건 아무 물질도 없는 진공 속이야. 사람들이 알고 있는 나의 속도, 즉 1초에 약 30만 킬로미터를 움직이는 것도 바로 진공 속을 움직이는 속도야. 공기 속을 움직일 때는 먼지나 수증기 따위가 방해하기 때문에 속도가 조금 느려져. 하지만 아주아주 조금만 느려지기 때문에 진공 속에서 움직이는 것과 차이가 거의 없어. 그러니까 내가 공기 속에서 움직이는 속도와 진공 속에서 움직이는 속도는 같다고 생각해도 돼. 그런데 물속은 공기보다 지나가기가 힘들어서 속도가 많이 느려져.

결국 나는 공기 속을 빠르게 나아가다가 물을 만나면 속도가 느려져서 꺾이는 거야.

굴절하는 이유

내가 움직이는 원리는 간단해. 곧게 나아가다가 새로운 물체를 만나면 선택을 하는 거지. 통과할 수 없으면 반사해서 방향을 바꾸고, 통과할 수 있을 때에는 굴절해서 방향을 바꾸는 거야. 반사를 했건 굴절을 했건, 방향을 바꾼 다음에 다시 곧게 나아가는 건 똑같아.

그런데 내가 가장 빠른 길로 움직인다고 했던 말 잊지 않았지? 네가 똑똑한 아이라면 지금쯤 이상하다는 생각이 들 거야. 왜냐고? 굴절을 하면 꺾이니까 곧게 가는 것보다 더 먼 거리를 움직여야 하잖아. 또 거리가 길어지면 당연히 시간도 많이 걸리고 말이야.

그럼 굴절할 때는 빠른 길로 가는 걸 포기한 게 아니냐고? 천만에, 나는 가장 빠른 길로 가기 위해서 굴절을 하는 거야. 만약 내가 공기와 물에서 움직이는 속도가 같다면 당연히 곧게 나아가는 게 가장 빠를 거야. 그런데 난 공기 속에서는 빨리 움직이지만, 물속에서는 느려. 그럼 공기에서 움직이는 거리는 약간 늘어나더라도, 물에서 움직이는 거리를 줄이는 게 좋겠지? 그래서 곧게 나아가지 않고 꺾는 거야. 어렵다고? 좀 더 쉽게 설명해 볼게.

사람은 땅에서는 빠르지만, 물에서는 느려. 만약 모래사장에서 출발해 바다 한가운데에 있는 섬까지 빨리 가는 시합을 한다고 생각해 봐. 이때 그냥 똑바로 나아간다면 땅에서 움직이는 거리와 물속에서 움직이는 거리가 같다고 정하는 거야. 그런데 사람은 땅에서 더 빠르기 때문에, 땅 위에서 더 많이 움직이는 것이 유리해. 반대로 물속에서 움직이는 거리는 줄이는 것이 좋지. 그래서 빠르게 가려면 땅에서는 길게, 물에서는 짧게 움직여야 해. 결국 똑바로 나아가는 것보다 꺾어서 움직이는 것이 더 빠르지.

나도 공기 속에서 나아가다 물을 만나면 물 쪽으로 꺾어서 들어가. 그래야 빠르니까. 그런데 나는 이때도 제멋대로 움직이지 않고 규칙에 따라서 움직여.

첫 번째 규칙은 속도 차이가 많이 나는 매질을 만날수록 더 많이 꺾인다는 거야.

만약 공기 속을 지나다가 유리를 만나면 물을 만났을 때보다 더 많이 꺾여. 유리는 물보다 더 지나가기 힘들어서 속도가 더 느려

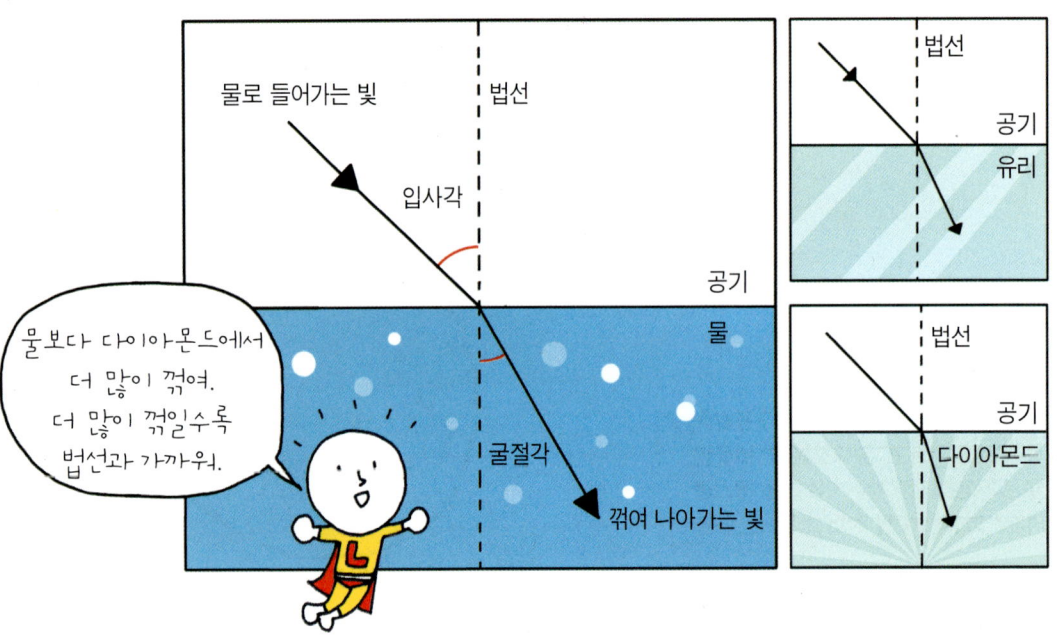

지거든. 또 다이아몬드를 지날 때는 유리보다 더 지나가기 힘들어서 더 많이 꺾이지.

또 다른 규칙은 속도가 느린 매질을 만나면 법선과 가까워지는 쪽으로 꺾이고, 속도가 빠른 매질을 만나면 법선과 멀어지는 쪽으로 꺾인다는 거야.

그런데 내가 곧게 나아가든, 반사하든, 꺾든 변하지 않는 규칙이 있어. 바로 시간이 가장 짧게 걸리는 길을 선택한다는 거지. 난 빨리 가는 게 가장 좋거든!

나는 빨리 가기 위해 굴절을 하는데, 사람의 눈은 왜 착각을 일

물속의 물체에서 반사된 빛이 물 표면에서 굴절한 뒤, 네 눈으로 들어가.

네 눈은 빛이 굴절한 것이 아니라 물체에서 곧게 뻗어 나왔다고 착각해.

그래서 너는 물체가 실제보다 위쪽에 떠 있다고 느껴.

으킬까? 그건 거울을 볼 때 일으키는 착각과 비슷한 거야. 네 눈이 빛은 항상 곧게 나아간다고 여기기 때문이지. 물속에 있는 물체에서 반사된 빛이 물 밖으로 나가면서 굴절을 했는데도, 사람의 눈은 빛이 물속의 물체에서 곧게 뻗어 나왔다고 착각해. 그래서 실제보다 물이 얕거나, 물체가 위쪽에 있다고 느끼지.

이렇게 굴절되어 보이는 물체의 모습은 눈의 착각이 만들어 낸 가짜 모습이야. 거울 속 물체처럼 허상이지.

굴절을 이용한 물체, 렌즈

내가 굴절하면서 사람들에게 착각만 일으키는 건 아니야. 사람들이 물체를 더 잘 볼 수 있도록 도와주기도 해. 사람들은 물체가 잘 보이지 않을 때 어떻게 하지? 그래, 안경을 쓰잖아. 안경은 내가 굴절하는 성질을 이용한 물건이야. 안경을 만들 때는 시력에 따라 다른 렌즈를 사용해.

렌즈가 뭐냐고? **렌즈**는 유리처럼 투명한 물체인데, 가운데가 두꺼운 볼록 렌즈와 가장자리가 두꺼운 오목 렌즈가 있어.

나는 공기 속을 지나다가 유리를 만나면 속도가 느려져서 꺾이는 것처럼 렌즈를 만날 때도 꺾여. 공기 속에서 렌즈로 들어갈 때 한 번 꺾이고, 렌즈 속에서 공기로 나올 때 다시 한 번 꺾이지.

결국 빛은 렌즈를 통과할 때 두 번 꺾이는데, 언제나 렌즈의 두꺼운 쪽으로 꺾여.

볼록 렌즈는 가운데가 두껍고 가장자리로 갈수록 얇아져. 그래서 볼록 렌즈를 지나는 빛은 두꺼운 가운데 쪽으로 꺾인 다음 곧게 나아가지. 렌즈의 어느 쪽으로 들어온 빛이든 결국은 한곳으로 모이게 돼. 오목 렌즈는 볼록 렌즈와 반대야. **오목 렌즈**는 가운데가 얇고 가장자리로 갈수록 두꺼워. 그래서 빛은 두꺼운 가장자리 쪽으로 꺾여서 곧게 나아가. 결국 빛이 바깥으로 퍼지지.

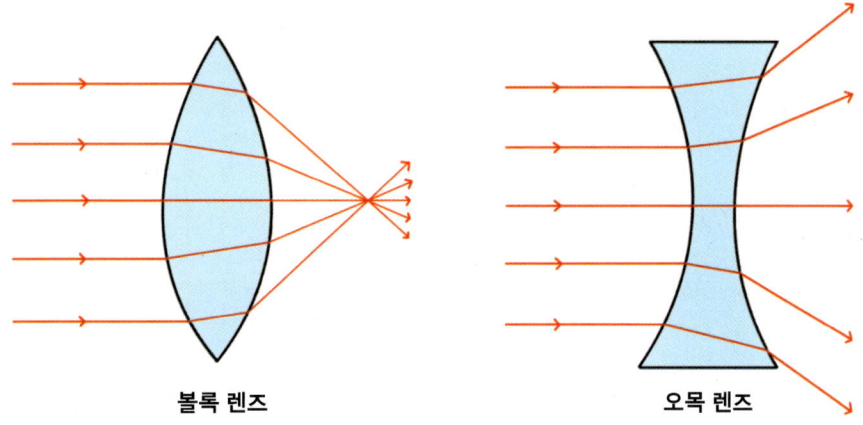

볼록 렌즈　　　　　　　　**오목 렌즈**

볼록 렌즈를 지나간 빛은 안쪽으로 꺾여 한곳으로 모이고, 오목 렌즈를 지나간 빛은 바깥으로 꺾여 퍼진다는 말이야.

그럼 내가 렌즈를 만나 꺾이는 것과 네가 물체를 보는 것은 어떤 관계가 있을까? 먼저 볼록 렌즈를 생각해 보자고. 물체에서 반사된 빛은 볼록 렌즈를 지나면서 꺾여. 그런데 네 눈은 빛이 물체에서 곧게 뻗어 나왔다고 착각하지. 그래서 물체를 실제보다 훨씬 크게 보는 거야. 볼록 렌즈를 잘 이용하면 넌 아주 작은 물체도 크게 볼 수 있어. 반대로 오목 렌즈로 보면 물체가 실제보다 훨씬 작게 보여. 대신 먼 곳에 있는 물체가 가까이 있는 것처럼 보이지.

볼록 렌즈는 가까이 있는 물체를 크게 보이게 하고, 오목 렌즈는 가까이 있는 물체를 작게 보이게 해.

그런데 네가 볼록 렌즈로 물체를 크게 본 것이나 오목 렌즈로 물체를 작게 본 것이나 모두 가짜 모습인 허상이야. 실제로 물체에서 반사되어 나온 빛을 본 게 아니라는 것이지.

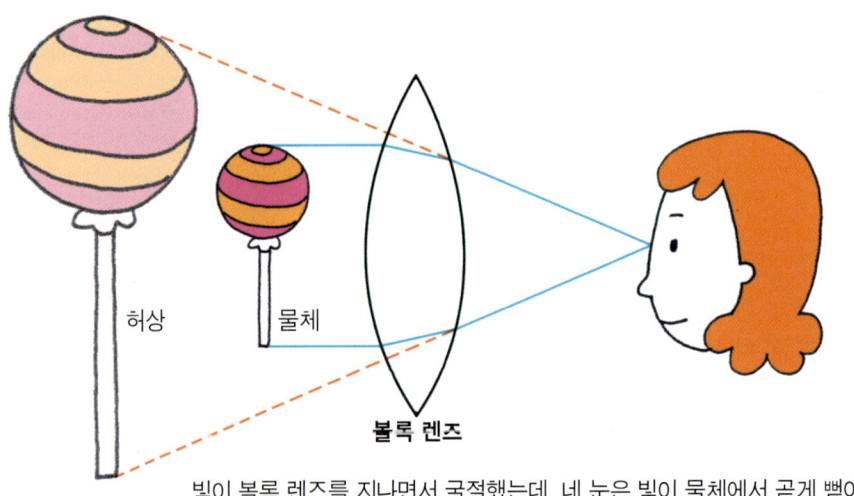

빛이 볼록 렌즈를 지나면서 굴절했는데, 네 눈은 빛이 물체에서 곧게 뻗어 나왔다고 착각해. 그래서 물체를 실제보다 더 멀고 크게 느껴.

물체에서 반사된 빛이 렌즈를 지난 다음 다시 한곳에 모여야 너는 실제 물체의 모습을 볼 수 있어. 이걸 **실상**이라고 해.

오목 렌즈는 빛을 바깥으로 퍼뜨리기 때문에 허상밖에 볼 수 없어. 하지만 볼록 렌즈는 빛을 한곳으로 모아 주기 때문에 실상을 볼 수 있어.

볼록 렌즈로 실상을 보려면 어떻게 해야 할까? 아주 간단해. 물체를 볼록 렌즈와 멀리 떨어뜨리면 돼. 물체와 볼록 렌즈가 가까이 있으면 물체에서 반사된 빛이 한곳으로 모이기 어려워. 그래서 허상만 보이지. 그런데 볼록 렌즈를 물체에서 점점 멀어지게 하면

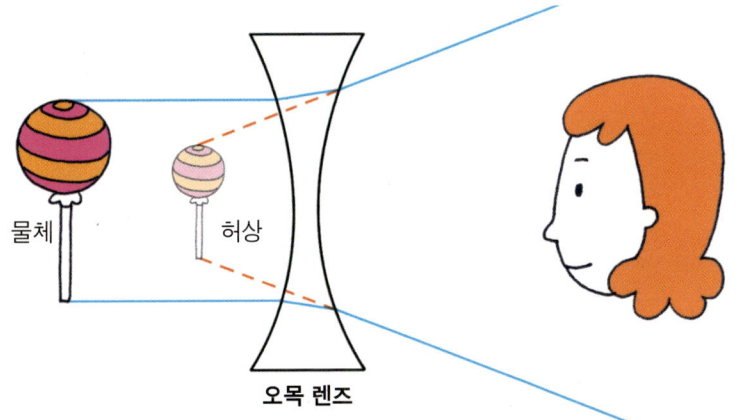

빛이 오목 렌즈를 지나면서 굴절했는데, 네 눈은 빛이 물체에서 곧게 뻗어 나왔다고 착각해. 그래서 물체를 실제보다 더 가깝고 작게 느껴.

물체와 볼록 렌즈가 가까우면 허상이 보여. 물체가 똑바르고 크게 보이지.

물체와 볼록 렌즈가 멀어지면 빛이 한곳에 모여서 실상이 보여. 대신 물체가 거꾸로 보이지.

어느 순간 빛이 한곳으로 모이고, 너는 물체에서 반사되어 나온 실제 물체의 모습을 볼 수 있어. 이때는 허상과 다르게 물체가 거꾸로 보이고, 실제 크기보다 크거나 작게 보여.

사람들은 허상을 보든, 실상을 보든 내가 굴절하는 덕분에 많은 도움을 받고 있어. 시력을 교정해 주는 안경은 물론이고, 소중한 순간을 간직하고 싶을 때 쓰는 사진기도 렌즈를 이용한 거야. 또 과학적인 발견에 큰 역할을 한 망원경과 현미경도 렌즈를 이용해서 만들었지.

여러 색깔로 나뉘는 빛

내 이야기 잘 듣고 있지? 나는 누구? 맞아! 난 빛이야. 그중에서도 가시광선이지. 다시 한 번 강조하지만, 사람들은 내 덕분에 세상의 모든 모양과 색깔을 볼 수 있어. 내가 세상 곳곳을 돌아다니기 때문이지. 그런데 내가 지금까지 이야기해 준 나의 비밀 가운데 2가지가 만나면 아주 재미난 일이 생겨. 무슨 일이냐고? 바로 내가 여러 색깔의 빛으로 나뉘는 거지!

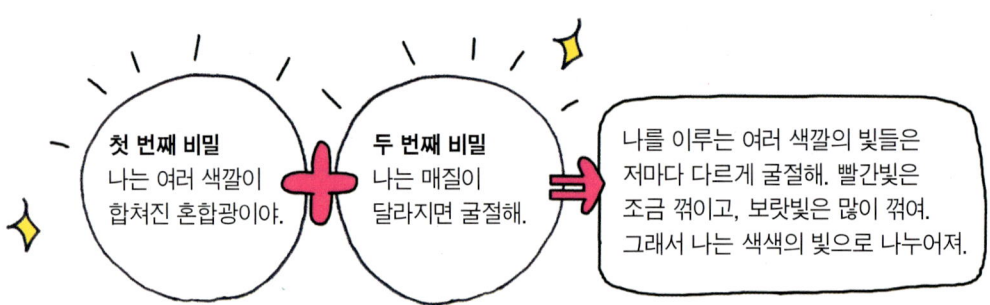

직접 확인해 보고 싶으면 프리즘을 이용하면 돼. 내가 프리즘으로 들어갈 때 한 번, 프리즘을 빠져나올 때 한 번 굴절이 일어나거든. 이렇게 굴절을 통해 내가 여러 색깔의 빛으로 나누어지는 것을 **분산**이라고 해.

혹시 프리즘이 없다고 실망하고 있니? 걱정하지 마. 프리즘이

햇빛을 잘 접힌 무지갯빛 부채라고 생각해 봐. 햇빛이 프리즘으로 들어갈 때 굴절이 일어나서 부채가 아주 조금 펼쳐지는 거야. 햇빛이 프리즘을 빠져나올 때 한 번 더 굴절이 일어나면 부채가 활짝 펼쳐져서 무지갯빛으로 보이는 거지.

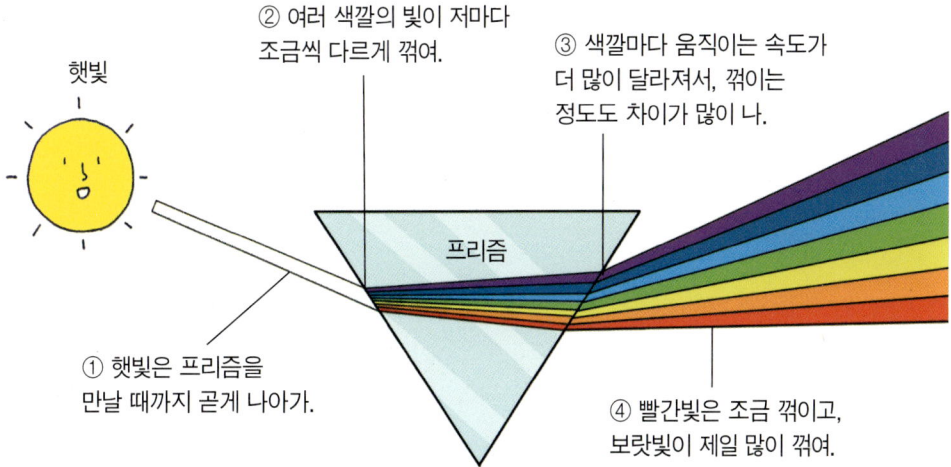

햇빛

② 여러 색깔의 빛이 저마다 조금씩 다르게 꺾여.

③ 색깔마다 움직이는 속도가 더 많이 달라져서, 꺾이는 정도도 차이가 많이 나.

프리즘

① 햇빛은 프리즘을 만날 때까지 곧게 나아가.

④ 빨간빛은 조금 꺾이고, 보랏빛이 제일 많이 꺾여.

없어도 내가 여러 색깔의 빛으로 나뉘는 모습을 볼 수 있으니까.

비가 갠 다음에 바로 해를 등지고 서서 하늘에 떠 있는 무지개를 찾아봐. 무지개는 하늘에 떠 있는 물방울이 프리즘 역할을 해서 햇빛이 분산된 거야. 물론 무지개는 조금 더 복잡한 과정을 거쳐서 만들어져.

① 햇빛이 물방울로 들어갈 때 굴절을 해서 여러 색깔의 빛으로 나뉘어.
② 굴절한 빛은 물방울 속을 곧게 나아가.
③ 빛이 반사를 해서 방향을 바꿔.
④ 빛이 물방울을 빠져나올 때 또 굴절을 해.
⑤ 빨간빛은 조금 꺾이고, 보랏빛이 제일 많이 꺾여.

물방울을 빠져나온 여러 색깔의 빛은 서로 다르게 꺾여서 퍼지기 때문에, 사람의 눈에는 어떤 물방울에서는 빨간빛만 나오는 것처럼 보이고, 어떤 물방울에서는 보랏빛만 나오는 것처럼 보여. 이렇게 아주 많은 물방울에서 나온 여러 색깔의 빛이 모여서 빨간색 띠나 보라색 띠로 보이는 거야.

흩어지는 빛

이제 나의 비밀을 너에게 다 말해 준 것 같네. 그럼 마지막으로 퀴즈 하나 낼게. 하늘은 왜 파랗게 보일까?

답을 알고 있다고? 지금까지 내가 이야기해 준 것을 모두 생각해 보아도 답을 알기 어려웠을 텐데, 퀴즈를 풀다니 정말 대단한데! 그럼 네가 생각한 답이 맞는지 내 이야기를 들어 볼래?

나는 언제나 가장 빨리 갈 수 있는 길로 다닌다고 했지? 그래서 곧게 나아가는 걸 좋아해. 나아가다가 물체를 만나면 반사하거나 굴절하기도 하지. 그런데 만약 아주아주 작은 물체를 만나면 어떻게 될까?

네가 하늘이라고 부르는 곳은 공기로 채워져 있어. 공기 속에는 눈에 보이지 않을 만큼 작은 먼지나 산소, 질소 같은 기체 분자도 많이 있지.

이런 기체 분자들은 크기가 너무 작아서 내가 반사하거나 통과할 수 없어. 대신 이런 작은 물체와 부딪치면 나는 여러 색깔의 빛으로 나누어져. 이건 굴절 때문에 여러 색깔의 빛으로 나뉘는 것과는 다른 거야.

내 몸이 물체에 부딪쳐 여러 방향으로 흩어지는 것이거든. 이렇게 빛이 아주아주 작은 물체와 부딪쳐서 여러 방향으로 흩어지는 것을 **산란**이라고 해.

하늘이 파랗게 보이는 건 내가 산란하기 때문이야. 내가 굴절할 때 색깔마다 꺾이는 정도가 달랐던 것처럼, 색깔마다 산란하는 정도도 다르거든.

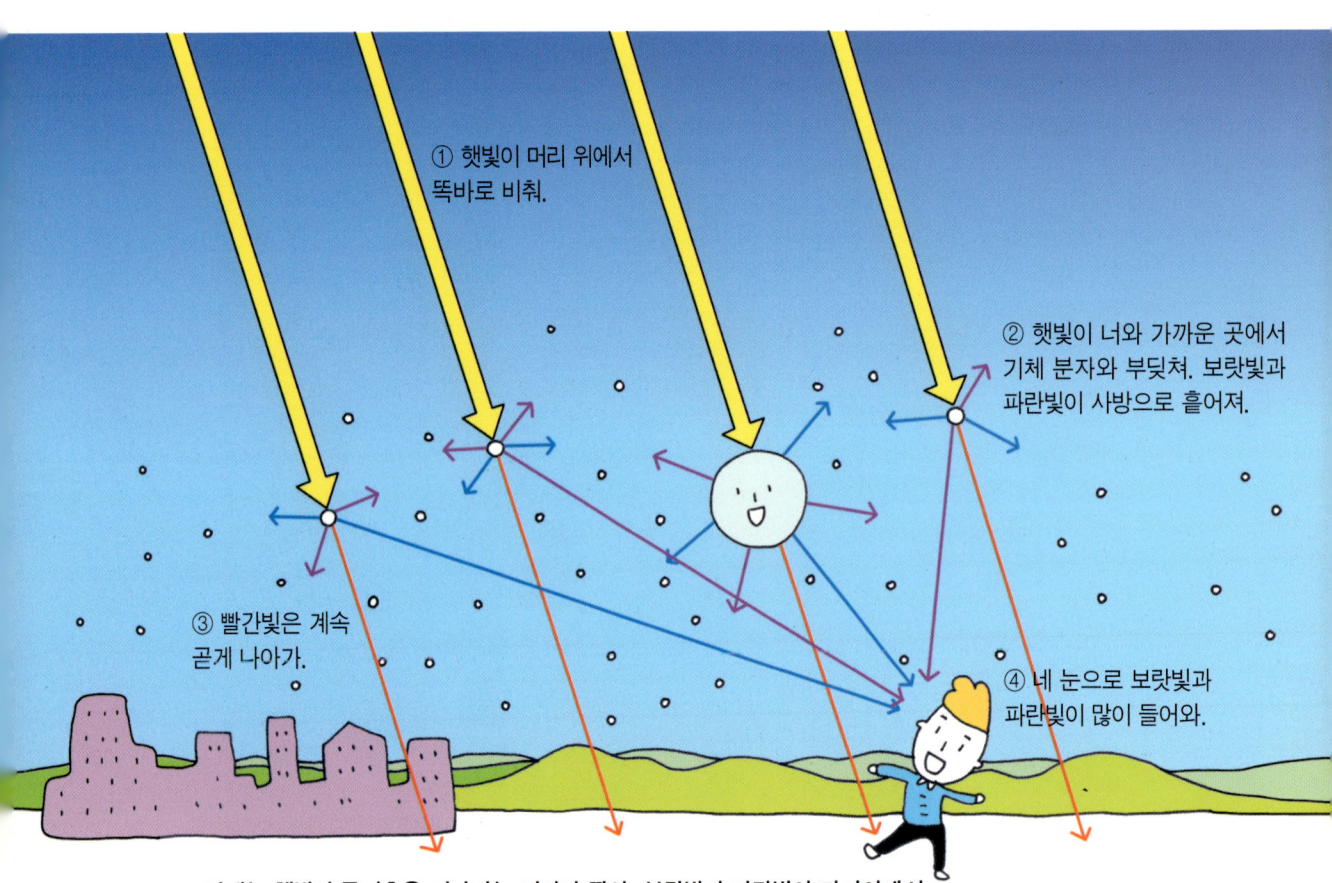

낮에는 햇빛이 공기층을 지나가는 거리가 짧아. 보랏빛과 파란빛이 가까이에서 산란되기 때문에 사방에서 눈을 향해 들어와. 그런데 빨간빛은 잘 산란되지 않기 때문에 눈에 잘 들어오지 않아.

프리즘을 지날 때 보랏빛이 많이 굴절하고, 빨간빛은 덜 굴절했던 것 기억하지? 마찬가지로 보랏빛이나 파란빛은 산란을 심하게 하고, 빨간빛은 거의 산란하지 않아.

햇빛이 깨끗한 공기 속을 지날 때면, 질소나 산소 기체 분자를 많이 만나게 돼. 햇빛이 이런 기체 분자와 부딪치면 보랏빛이나 파

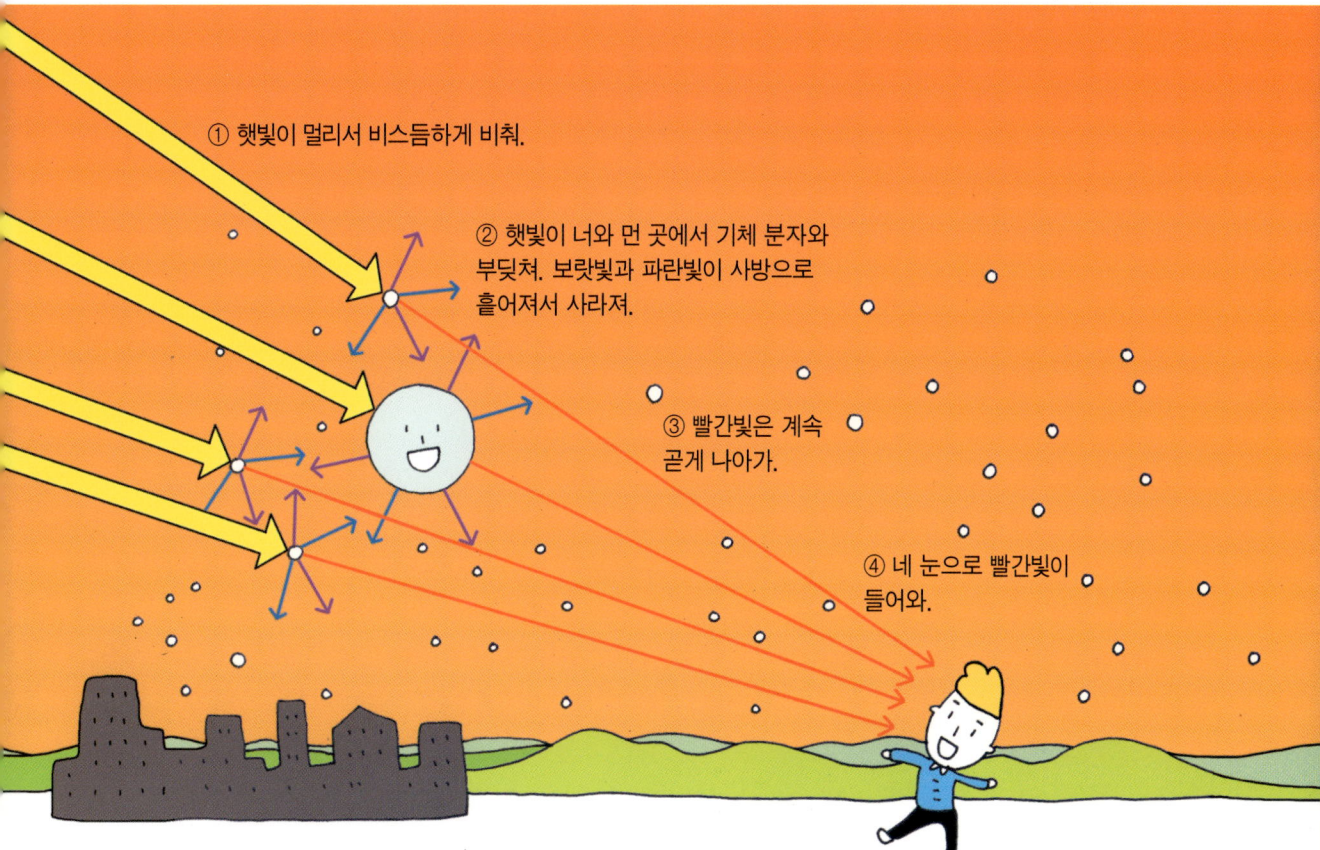

① 햇빛이 멀리서 비스듬하게 비춰.

② 햇빛이 너와 먼 곳에서 기체 분자와 부딪쳐. 보랏빛과 파란빛이 사방으로 흩어져서 사라져.

③ 빨간빛은 계속 곧게 나아가.

④ 네 눈으로 빨간빛이 들어와.

저녁 무렵에는 햇빛이 공기층을 지나가는 거리가 길어져. 보랏빛과 파란빛은 너무 먼 곳에서 산란되기 때문에 거의 눈에 들어오지 않고 사라져. 대신 아주 멀리까지 갈 수 있는 빨간빛이 잘 보이지.

란빛은 산란되어 사방으로 흩어지고, 빨간빛은 거의 산란되지 않은 채 앞으로 계속 곧게 나아가.

결국 사방에서 네 눈으로 보랏빛이나 파란빛이 들어오지. 사람의 눈은 보랏빛보다는 파란빛을 더 잘 느끼기 때문에 하늘이 파랗게 보이는 거야.

그런데 같은 하늘인데, 저녁에는 왜 하늘이 붉게 보이는 걸까? 그것도 하늘이 파랗게 보이는 것과 같은 이유야. 파란빛은 사방으로 퍼지기 때문에 멀리까지 나아가지 못하고 가까운 곳으로만 퍼져. 반대로 잘 산란되지 않는 빨간빛은 계속 곧게 나아가서 멀리까지 가지.

낮에는 해가 머리 위에서 똑바로 비추기 때문에 햇빛이 하늘을 조금만 지나도 네 눈으로 들어갈 수 있어. 그래서 너와 가까운 곳에서 산란된 파란빛을 볼 수 있지. 사방에서 파란빛이 네 눈을 향해 들어가는 거야.

하지만 저녁이 되면 해가 기울어져 비추기 때문에 햇빛이 하늘을 오랫동안 지나와야 해. 이때는 산란을 잘하는 보랏빛과 파란빛이 멀리까지 오지 못하고 사라져 버려. 아주 먼 하늘에서 산란을 해서 사방으로 흩어져 버리는 거야. 결국 산란을 잘하지 않는 빨간 빛이 먼 거리를 움직여 와서 네 눈으로 들어가게 돼. 그래서 저녁에는 하늘이 붉게 물들어 보이는 거야.

하늘뿐만 아니라 바닷물이 푸르게 보이는 것, 또 구름이 하얗게 보이는 것도 모두 내가 산란하기 때문이지.

네가 파란 하늘이나 흰 구름을 바라볼 때 한 번만이라도 내 생각을 해 주면 좋겠어. 네가 세상을 볼 수 있는 건, 내가 이곳저곳을 부지런히 돌아다니며 반사하고, 굴절하고, 분산하고, 산란하기 때문이라는 것을 꼭 기억해 줘.

마치며

이제 내 이야기는 끝났어.

지금까지 내가 한 이야기는 사람들이 밝혀낸 나의 모습이야.

사람들은 아주 오랜 시간 동안 끈질기게 나의 비밀을 밝혔고, 많은 것을 알아냈지.

그럼 이게 내 비밀의 전부냐고? 천만에, 나 루미는 신비로운 존재잖아.

아직 아무도 알아내지 못한 비밀이 있단다.

그게 뭐냐고? 그건 네가 직접 알아내 보렴. 이제 떠날 시간이 다 되었어.

다시 야무진 과학씨로 돌아가야 하거든.

굴절

서로 다른 두 매질이 만나는 곳에서 빛이 방향을 꺾는 것을 굴절이라고 해. 빛은 하나의 매질을 지날 때는 같은 속도로 직진하는데, 다른 종류의 매질을 만나면 속도가 달라져서 꺾이게 돼.

뉴턴(1642~1727)

영국의 물리학자이자 천문학자이며, 수학자야. 뉴턴은 만유인력의 법칙을 발견한 것으로 유명해. 뉴턴은 빛에 관한 연구를 많이 했어. 그 결과 빛이 흰색이 아니라 여러 가지 색깔이 섞여 있다는 사실을 처음으로 알아냈고, 우주 관측에 꼭 필요한 반사 망원경도 만들어 냈어. 또 빛은 아주 작은 알갱이로 이루어졌다는 입자설을 주장했어.

볼록 렌즈와 오목 렌즈

볼록 렌즈는 가운데가 두꺼운 렌즈야. 빛은 볼록 렌즈를 지나면서 렌즈의 가운데 쪽으로 꺾이고, 한곳으로 모이게 돼. 볼록 렌즈는 가까이 있는 물체는 크게 보이게 하고, 멀리 있는 물체는 작고 위아래가 거꾸로 보이게 해. 볼록 렌즈는 안경, 현미경, 망원경, 사진기 따위에 쓰여. 오목 렌즈는 볼록 렌즈와 반대야. 오목 렌즈는 가운데가 얇고 가장자리가 두꺼운 렌즈야. 그래서 빛이 렌즈의 두꺼운 가장자리 쪽으로 꺾여서 바깥으로 퍼지지. 오목 렌즈는 항상 물체를 작게 보이게 해. 오목 렌즈는 안경에 주로 쓰여.

분산
가시광선에는 여러 색깔의 빛이 합쳐져 있어. 그런데 빛은 색깔에 따라 물이나 유리에서 굴절하는 정도가 조금씩 달라. 그래서 햇빛이 물이나 프리즘을 지나면 여러 색깔로 나뉘어. 이렇게 합쳐져 있던 여러 색깔의 빛이 굴절을 거치면서 나뉘는 현상을 분산이라고 해. 무지개는 하늘에 떠 있는 물방울 때문에 빛이 분산되어 보이는 거야.

산란
빛은 아주 작은 물체와 부딪치면 여러 방향으로 흩어지는데, 이런 현상을 산란이라고 해. 주로 보랏빛과 파란빛이 산란을 심하게 일으켜. 낮에 하늘이 파랗게 보이는 것도 주로 보랏빛과 파란빛이 산란을 일으키기 때문이야.

아인슈타인(1879~1955)
독일에서 태어난 미국의 물리학자야. 아인슈타인은 빛이 엄청나게 빠르기는 하지만 항상 일정한 속도로 움직인다는 사실을 바탕으로 상대성 이론을 탄생시켰어. 또 빛은 에너지를 가지는 입자로 이루어졌다는 가설을 세웠는데, 이 입자를 '광자'라고 불러. 아인슈타인은 빛에 대한 연구 덕분에 1921년에 노벨 물리학상을 받았어.

엑스선과 뢴트겐(1845~1923)

엑스선은 파장이 짧은 빛으로 투과성이 강해서 물체의 내부를 보는 데 도움을 줘. 그래서 몸속 사진이나 뼈 사진을 찍는 데 많이 이용돼. 엑스선은 1895년에 독일의 물리학자인 뢴트겐이 발견했어. 뢴트겐은 높은 전압이 걸린 진공관을 이용해 작업을 하던 중에 투과력이 강한 알 수 없는 광선을 발견했는데, '미지의 빛'이라는 뜻에서 이 새로운 광선을 엑스(X)선이라 불렀어. 뢴트겐은 엑스선을 발견한 공로로 1901년에 최초로 노벨 물리학상을 받았어.

자외선과 리터(1776~1810)

자외선은 가시광선보다 파장이 짧은 빛으로, 해처럼 온도가 높은 물체에서 주로 나와. 투과성이 좋은 편이라 사람의 피부 세포를 파괴하고, 세균 같은 미생물을 죽일 수 있어. 자외선은 세균을 소독하는 데 많이 쓰여. 자외선은 1801년에 독일의 물리학자인 리터가 발견했어. 리터는 특정 화학 물질이 빛의 색깔에 따라 어떻게 반응하는지 실험하다가 보랏빛 바깥쪽에서 더 강한 반응이 일어난다는 사실을 발견했어. 보이지 않는 그 빛을 보랏빛 바깥에 있는 빛이라는 뜻으로 자외선이라 불렀어.

적외선과 허셜(1738~1822)

적외선은 가시광선보다 파장이 긴 빛으로, 열을 잘 전달해. 열이 나는 물체에서는 적외선이 나오기 때문에 열을 내는 물체 가까이 가면 따뜻한 느낌이 들어. 적외선은 독일 출신의 영국 천체학자인 허셜이 1800년에 발견했어. 허셜은 빛과 열의 관계를 알기 위해, 빛을 프리즘에 통과시켜 색깔별로 나눈 뒤 각각의 온도를 측정했어. 그러자 빨간빛 바깥 부분의 온도가 가장 높았어. 눈에 보이지 않는 부분에 빛이 있었던 거야. 그 빛은 빨간빛 바깥에 있기 때문에 적외선이라 부르게 되었어.

정반사와 난반사
빛을 한 방향으로 가지런히 반사시키는 것을 정반사, 빛을 서로 다른 방향으로 불규칙하게 반사시키는 것을 난반사라고 해. 거울이나 금속처럼 표면이 매끈한 물체는 정반사를 하기 때문에 다른 물체의 모습을 잘 비추어 줘. 종이처럼 표면이 울퉁불퉁한 물체는 난반사를 하기 때문에 빛이 이리저리 흩어져서 다른 물체의 모습을 비추지는 못하지만, 여러 방향에서 그 물체를 볼 수 있어.

직진
빛이 어느 방향이든 곧게 나아가는 것을 직진한다고 해. 빛은 하나의 매질을 통과할 때는 일정한 속도로 곧게 나아가. 매질에 따라 속도는 달라지지만 한 매질에서 일정한 속도로 직진하는 것은 똑같아. 이렇게 빛이 직진하기 때문에 그림자가 생겨.

파장
파장은 같은 모양의 물결이 어느 정도의 거리마다 반복되는가를 나타내는 크기야. 파도가 칠 때 물결의 꼭대기와 꼭대기 사이의 거리가 파장이지. 빛은 종류마다 파장이 서로 달라. 파장이 긴 빛은 먼 거리 여행을 잘해서 통신용으로 쓰이고, 파장이 짧은 빛은 생물체를 잘 투과해서 의료용으로 쓰여.

작가의 말

신비로운 만큼 비밀도 많은 빛

빛은 너무도 신비로워서 오랜 옛날에는 숭배의 대상이었어요. 빛은 세상 어디에나 퍼져 있으며 모든 것을 볼 수 있게 하지요. 하지만 만질 수도 없고 소리 없이 나타났다 흔적 없이 사라져요. 그래서 빛은 가장 친근하면서도 알기 어려운 대상이었지요. 실제로 약 340년 전에 뉴턴이 빛의 성질을 밝혀낸 이래로 오늘날까지 빛에 대한 비밀은 아주 천천히 밝혀지고 있어요.

빛에 관한 연구의 역사를 돌이켜 보면 많은 과학자들이 실패를 무릅쓰고 노력했다는 것을 알 수 있어요. 물론 예상 밖으로 우연히 발견한 사실도 많지만 그릇된 사실을 믿고서 실패한 사례도 많지요. 그럼에도 불구하고 과학자들은 언제나 그때까지 밝혀진 사실을 꼼꼼히 공부하고, 그것을 바탕으로 다시 새로운 과제를 풀어 나가는 도전을 멈추지 않았어요.

지금도 빛에 대한 연구가 활발하게 진행되고 있어요. 여름에 흔히 보는 반딧불이 불빛의 정체를 밝혀낸 것도 10년 정도밖에 되지 않았고, 빛을 내서 먹잇감을 유인하는 심해 생물을 발견한 것도 5년 정도밖에 안 되었어요. 오늘날 첨단 조명 기구로 떠오른 레이저나 LED는 빛을 신비로워만 하지 않고, 빛에 대해 꾸준히 알아 가는 노력을 기울인 결과랍니다.

그럼에도 빛에 관해서는 아직도 밝혀지지 않은 것들이 많아요. 특히 빛이 입자이기도 하고, 파동이기도 하다는 두 가지 학설을 모두 인정해야 하는 점은 여전히 연구 대상이에요. 하지만 해결할 과제가 많다는 것은 하나씩 해결하면서 느낄 즐거움이 아직도 많이 남았다는 뜻이기도 하지요. 그러니 여러분도 빛의 비밀에 도전해 보세요.

오채환

일러두기

- 맞춤법, 띄어쓰기는 국립국어원에서 펴낸 《표준국어대사전》을 기준으로 삼았습니다.
- 외국 인명, 지명은 국립국어원의 《외래어 표기 용례집》을 따랐습니다. 《외래어 표기 용례집》에 나오지 않는 인명, 지명은 현지음에 가깝게 적었습니다.